정말, 괜찮습니다

시산맥 **해외기획시선** 039

정말, 괜찮습니다

초판 1쇄 인쇄 | 2025년 11월 5일
초판 1쇄 발행 | 2025년 11월 12일

지은이 정봉희
펴낸이 문정영
펴낸곳 시산맥사
등록번호 제300-2013-12호
등록일자 2009년 4월 15일
주소 03131 서울특별시 종로구 율곡로 6길 36. 월드오피스텔 1102호
전화 02-764-8722, 010-8894-8722
전자우편 poemmtss@naver.com
시산맥카페 http://cafe.daum.net/poemmtss

ISBN 979-11-6243-652-3 (03810) 종이책
ISBN 979-11-6243-653-0 (05810) 전자책

값 12,000원

* 이 책은 전부 또는 일부 내용을 재사용하려면 반드시 저작권자와 시산맥사의 동의를 받아야 합니다.
* 이 책은 교보문고와 연계하여 전자북으로 발간되었습니다.
* 본문 페이지에서 한 연이 첫 번째 행에서 시작될 때에는 〈 표기를 합니다.
* 저자의 의도에 따라 작품의 보조 동사와 합성 명사는 띄어쓰기가 달라질 수 있습니다.

정말, 괜찮습니다

정봉희 시집

| 시인의 말 |

먼 길
어렵게 돌아 여기까지 왔다.
이방에서 몸이 한쪽으로 기울 때
천형 같은 시를 끌어안고 위로받고 싶었다.

첫 시집이다.
미숙아로 태어난 詩들에 미안하다.
시를 쓰지 않았다면 알지 못했을 절망들이었다.
아직도 다 이르지 못한 길이다.
시가 내 삶의 족쇄가 되면 행복하겠다.

2025년 11월,
정봉희

■ 차 례

1부

어미 릴레이	19
어떤 응시	20
비 오는 날 간이역에 간다	22
겨울밤	24
밧줄의 자서전	26
신발 비망록	28
이민을 읽다	30
흔적	31
그랜드 강	32
기억을 스캔하다	34
노을의 무게를 견뎌내는 일	36
커피 한 잔 값만도 못 한	37
술꾼	38
빈 둥지 증후군	40
어수리꽃	42
그네의 시름	43

2부

중년의 온도   47
억새꽃   48
어떤 퇴근   50
딸의 시편   52
콩밭에 서서   53
시 쓰는 고양이   54
봄밤   56
붉은 기원   57
씁쓸함의 함량   58
불 끄지 못하는 방   60
괜찮습니다   62
11월 예찬   64
세 여자의 가을   65
개꿈   66
바람의 생존방식   68
반성이 사는 집   70
빈 처   71

3부

고드름	75
홍시 유감	76
밤을 건너는 시	78
야근할 만합니다	80
모하비 사막에서 만난 비	82
연말 증후군	84
목재소 899번지	85
지방 돈	86
감정의 DNA	88
캐리비안 동백꽃	90
지문의 기억	91
단풍	92
한 방 날리고 싶은 꽃	94
이순耳順	96
비나 보고 산다는 건	97
차렷, 정신 차렷	98

4부

설움	103
아버지를 마시다	104
수염차	106
낙담	108
엄마 아리랑	110
호미로 살다	112
내일은 만월	114
귀향	115
글썽이는 곶감	116
새벽에 온 전화	118
투정과 투쟁	119
아버지의 겨울	120
담쟁이 그 기억으로	121
미세스 김 블루스	122
뒤편을 읽다	124
수국꽃	126
풍경 소리	128
울타리 공법	129

■ 해설 _ 가장 낮은 곳에서 피어나는 강한
    생명력을 찾아서 _ 문정영(시인)   131

1부

어미 릴레이

마늘 한 접에 60불이면
키운 공력에 비해 속이 쓰리다가도
딸 책 한 권 값이라 생각하면
그만 입맛이 돌고 배가 불러오는 거라

마늘종 한 봉다리에 5불이면
뽑은 수공으로 치면 야박하다 싶다가도
아들에게 통화할 카드 한 장 값인데 생각하면
손톱에 배인 독한 마늘 냄새가
수화기를 든 순간 향긋해지는 거라

내 어머니가 그렇듯
나도 영락없이 에미를 닮은 어미였다

어떤 응시

연못 속 두꺼비 한 마리
쩌억, 입맛 다신 채
돌담 사이 오가는 거미를 노려보고 있다

좁혀진 미간 사이
한 마리는 옆을 보고
한 마리는 마주 보는 저 경계의 눈빛
주눅 든 거미
불룩 튀어나온 허기 앞에 미동조차 없다

가슴 쓸어내리며
구황의 세월 버티고 있다는 것
먹히지 않고 살아 있다는 것
참으로 다행이구나
날름거리는 혀를 피해 도망 다니던
불안은 생의 무늬일 뿐
그러나 여전히 방심은 금물이다

불안한 돌담 속

도주를 꿈꾸는 거미를 지켜보는 동안
허기진 응시의 두 눈 사이
비릿한 진땀이
닦아도 자꾸 흘러내린다

비 오는 날 간이역에 간다

그대를 만나러 가는 날에
굵은 비가 온다
우산을 받긴 했지만
간이역 돌담처럼 이미 축축해져 있다
비의 눈을 피해 기척 없이
찾아오는 사랑은 어떻게 든 젖기 마련이다
이쯤에서 우산의 댓살은 고개를 숙인다
이미 부러졌거나 휘어진 슬픔이 오는 이의 발등에
물방울처럼 매달려 있다

찢어진 우산을 붙잡고
몸이 물처럼 거꾸로 미끄러지는 사이
높은 처마를 타고 흘러드는
내가 외로워서 평생 지붕을 이어주는 한곳에
저렇게 고여 살아도 좋겠구나
부리 노란 새가 날개를 털며 울었고
털린 깃털을 밟고 철로 변을 건너다
물이 들어오는 소리 듣는 날이었다
〈

젖은 옷을 갈아입지 않아도
이미 말라버린 네가 어디든 비를 맞고 있는 한
기차는 물의 구멍을 달고 몸이 쏠리는 쪽을 향해
젖은 사랑을 내려줄 것이다
빗물을 훑어낸 기차가 간이역에 도착했다

겨울밤

편백 사이로 눈 뿌린다
장정 두 사람 훌쩍 들어 올린 소한 지나고
어금니 떨리는 대한 어찌어찌 넘겼으나
굵고 튼튼한 고드름 여간해서 달려 있는
출출한 뱃속 주무르다 잠든 늙은 겨울
백로의 다리처럼 길어졌다

입이 궁금한 이참에
고구마 난롯불에 올려놓고
이민 짐에 묻어온 번철에 기름 치고
감자 부침개나 지져볼까

드라마에 푹 빠진 남자는 볼륨을 올린 채
신라면 두 개 끓여 달라는 주문을 넣고
고장 난 벽시계 믿고 모로 누웠다
월 월 건넛집 개 짖는 소리에
돌아눕는 정월 스무아흐레 밤

그런데 저리 울어 쌌는 부엉이는

오늘 밤
어디서 숙박부를 쓰겠나

밧줄의 자서전

허공이다
벽과 벽 사이 외줄 하나에 몸을 감은 사내
허리를 감은 밧줄이 휘청거릴 때마다
아파트 외벽은 비상을 꿈꾼다

후들거리는 삶의 무게가 어질하다고
그럴 때마다 바르르 떨었을 눈썹과 발가락들
옷소매를 끌어당기는 허공의 자서전은 늘 위태롭다
숨을 바닥이 없는 그에게 허공은 비상이다
흰 외벽에 풍상을 견뎌낸 얼룩을 벗겨내고
초록빛 생의 무늬를 덧칠하는 것
젖지 않고 멀리 날아가는 새는 없다 한다

뙤약볕 아래 쉼 없는 붓질의 몰입
사내의 오른팔이 긴 막대기에 달린 롤을 당길 때마다
밧줄은 사내의 몸을 한 번 더 조여 준다
허공에서도 영역을 양보하지 않은 거미가 있다고
발아래 공사장 인부가 근황을 전송한다
〈

새처럼 두 팔을 벌려보는 사내
추락한 날개를 굳이 기록한다면
새의 비행이 자서전에 굵은 획을 긋는 게 아니겠는가
바람이 새의 날개 쪽으로 움직이고 있다

신발 비망록

뒤축 닳은 운동화 한 켤레
그늘진 현관 바닥에 엎드려
속내 보이다 짜증 내고
목소리 높이다가 이내 수그러든다

어둠의 시간 걸어오느라
냄새 촘촘히 박힌 발톱에
발가락 온기는 저 체온
미세한 통증에도 근질거리는데

더 멀리 가기 위해
풀린 신발 끈 동여매던 날들
닳은 뒤축은 중심을 잃고
매번 휘청거렸다

낯선 땅 자갈밭에서
생을 지키려 애쓰던
박힌 돌에 찍히고 피 흘리다
고단한 이름으로 생의 풍경들 다 일으켜 세운

저 발바닥 아프겠다
무지 힘들었겠다

지금은 신발을 안아주어야 할 시간

이민을 읽다

빙판을 걷는다
쫘당, 미끄러지기라도 한다면 일어설 수 없다
그러니 넘어지기 전 미리 몸을 낮추어야 한다
앞서간 발자국 지문도 샅샅이 살펴야 하고
하늘과 땅 흐름까지도 읽어내야 한다
심지어 스치는 바람 소리에도 귀를 열어야 한다
어디쯤 블랙홀이 숨어 있는지
녹았는지 얼었는지
잠시도 정신을 놓쳐서는 안 된다
입 봉한 물에 내가 언제 빠질지
위험한 수면 두께는 얼마큼인지
좌우 앞뒤 방심해서도 안 된다
심지어 신발의 무게까지도 계산해야 한다
안전지대를 벗어날 때까지
마음 놓아서는 안 된다

사뿐
또 사뿐

흔적

순간, 손등이 묵직해지더니, 여름 소낙비 같은 졸음이 쏟아지고 그 후 희미한 수런거림, 쓴 물이 굽은 등뼈 사이로 쿨렁 스며들 때 짧은 불빛을 희미한 창밖에 내걸고 해 뜨는 쪽으로 머리를 풀자 완벽한 하나의 선으로 미끄러지는 사각사각 예리한 칼날의 직진 창밖 흐드러지는 꽃그늘 소리에 놀라 깨어보니, 식은 몸 위로 삐뚤하게 지나간 꽃 한 송이 뚝 떨어지던 성하의 아침, 분홍 포대기 안에 핀 여름꽃 비밀 더듬거리던, 배꼽 아래 꿰맨 붉은 실밥 젊은 여인이 팔을 올리고 자주 입을 가리며 끝내 눈물을 훔치던 외로운 날이었다 팔월 초이틀, 그해 여름 어미가 되었다

그랜드 강

헐한 저녁이면
신발을 끌고 강둑에 마실 나가지
아무도 눈치채지 못한
비겁한 유서를 알아듣던 강물은
검은 구름 끝에 하늘을 풀어주고
물밑으로 가라앉았지

유서의 배후는 강물이었지
벗어둔 신발 옆에 세상 한낮의 적막이 쓰러지고
둑방을 넘쳐나던 물길 하나 막을 길 없는
그 강은 파탄이 확인되지 않은
내일 앞에 늘 달콤한 유혹이었지

물속 그림자는 사방으로 몸을 늘리며 번져가고
절망의 붉은 모자를 눌러쓴 비극은
세상에서 지친 사람들 미래 같아서
물 위에 돌멩이를 던져본다

가족이 있어 돌아갈 핑계가 생긴

따듯한 귀가

강은 말이 없다

기억을 스캔하다

얼굴을 덮고 머리를 밀어 넣었다
소음 방지 귀마개가 구불텅한 터널을 차단한다
쿵쿵 망치질 소리 땅속 뚫는 포크레인 덜컥거림
막힌 기억들 두들겨 헐어내는 일 새벽부터 공사 중이다
원형의 탐지기가 놀이 타기처럼 머리 위를 선회한다
먼지 뒤집어쓴 채 불결을 참아냈던 날들
그간 빗질이며 걸레질 등한시했던 부주의가
검열 단속반에 걸려 책임을 추궁당하고 있다
풀려난 실타래 같은 기억의 행간들이
흔들리며 거꾸로 곤두박질친다
비틀거리며 파열되었을 뇌혈관 어디쯤
응고된 피들이 붉은 음모 하나 꾸미는지
엉겨서 부풀어 있을 가담자를 쫓고 있다
어느 구석 문을 걸고 숨어 있을지 모른다
지금까지 방심했던 죄 속죄하는 마음으로
음모자 쫓는 공사장 인부들 수고를 생각한다
막힌 혈관에 말을 걸어 본다
소중했던 기억들 잃어버리거나
지워지는 일 없기를 간절히 바랐다

〈
멈춤 스위치를 내리고
수건을 걷어내자 낮은 소음들까지 적막해진다
흑백의 기억들 불빛 아래 걸어 나온다

노을의 무게를 견뎌내는 일

언덕 아래 막 도착한 노을을
여자가 받아 내렸다
가벼운 듯하나
잠깐 보여주는 몸의 악기를
제 키만큼 보듬어서 될 일은 아니었다
그런 노을의 무게를 견뎌내는 일이란
상한 혼음을 비켜 가는 일인데
숨이 차서 그대 먼저 보내 놓고
짧아진 해의 뒤쪽을 아는 나는
자꾸 서쪽으로 휘어지는 몸을 세웠다
할 말이 많은 당신은 주춤거렸고
염려된 사랑에 관하여 말하려 했다
누가 보아도 무리였다
간신히 받아낸 여자의 시름이
꽃그늘 같은 노을에 걸렸다
사랑이 풀밭까지 내려온 11월이었다

커피 한 잔 값만도 못 한

  2.25g의 칼슘, 550g의 인산염, 252g의 칼륨, 168g의 나트륨, 28g의 마그네슘, 철, 동으로 이루어짐. 체중 중, 산소 65%, 수소 18%, 탄소10%, 질소 3%, 가격으로 따지자면 1달러에 함량 미달.

내 몸의 가치 평가서입니다
알사탕 한 개, 연필 한 자루, 도넛 하나의 값
1달러로 살 수 있는 게
그리 많지 않습니다
심지어, 커피 한 잔 살 수 없는
육신이 왜 이리 천근만근 무거운지요

있는 것 다 내려놓는
가을입니다

술꾼

비틀거리지 마세요
거리에는 비틀거리는 사람들로 넘쳐나요
네 식구 가장이 전 가족 살해 후
자살이라는 일간지 기사를 읽다
무심코 밖을 내다보니
다들 비틀비틀 걷고 있네요

똑바로 걷고 싶겠지요
사뿐한 보폭으로 걸어도 힘에 부친 요즈음
자갈밭에서 하루를 버틴다는 건
말처럼 그리 쉽지 않거든요
뒤로 넘어져도 코가 깨지던 날들 있었죠
그때 누군가를 붙잡고 일어서려 했어요

벽을 타고 오르는 담쟁이넝쿨도
낭하를 건널 때는 서로의 몸을 친친 감아
무사히 담장을 넘지 않던가요
입에 단내가 나던 지독한 생의 갈증
한때 바닥을 치고 누웠던 적 있었으니까요

〈
통증으로 비틀거리는 걸음
취기를 핑계 삼아
오늘도 지그잭 걸음입니다

빈 둥지 증후군

꽃들이 제 몸에 달린
열매를 밀어내는 소리를 듣는다
저들도 튕기어 나올 때
젖은 눈가를 훔치는 모양이다

그러니 17년 품은 딸 기숙사에 보내며
얼마나 섭섭한가, 시원한가
핸들에 이마를 찧고 훌쩍거리는 떨림은
꽃의 첫 씨앗을 땅에 묻어두는 일인데
겨울옷과 속옷을 가방에 넣을 때
꽃씨들은 이미 제 떨어질 곳을 알았던 것일까
불에 댄 듯 목구멍이 뜨거워진다

오냐, 손을 놓으마
성황 나무에 금줄을 치던 너를 풀어
들녘 어디쯤 날려 보내도 괜찮겠지
용케 뿌리를 환하게 적시며 꽃이 되는 일
나비를 불러도 좋겠구나
〈

이제 빈방에 불 켜 두지 않겠다
두 다리 펴고 비스듬히 누운
아버지는 힘들어 보이지만
내 잠 위로 나비가 되어 줄 9월
손을 풀고 떠난 네가 커 보인다

어수리꽃

붙들고 싶은 것이 많은 날
나는 당신을 따야겠어요
하얘-라고 발음할 때 누군가 왔다 간 오후
꽃을 버리고 떨어지지 않은 꽃잎을 쥐고 있다

흰 물이 몸속으로 흘러들었다
언젠가 내게 살을 떠 먹여준 적 있는
저 하얀 손에 마지막 입맞춤할 때가 올 것이다
이름을 가져 보지 못한
다섯 손가락을 펼쳐 보이며 번지는 꽃 비린내
벌이 손을 핥았고 꽃이 거품으로 날아오르던
그런 날을 사랑이라고 해야 하나

진물을 긁어내고 환하게 약 발라주던
최초의 손을 꽃은 기억한다
그것은 희고 아파서 꽃잎밖에는
아무것도 가질 것이 없다는데
총총히 달린 당신 손 잡고
들길 걷는 어수리꽃

그네의 시름

텅 빈 공원 놀이터
그네와 나란히 서 있다
말뚝처럼 서서 바라보는 일몰의 겨울 끝
비상하는 일만 남았다

흔들리는 일이 전부인 그네는
바람이 밀면 가뿐하게 오를 테지만
날개 꺾인 몸을 바람 혼자서
밀어 올리는 일은 쉽지 않을 거다

그네에 매달린 하루의 무게가 공중에 뜨면
어느새 늦은 오후가 가벼워져서
그네는 바람 앞에 혼절하고 말겠지만

바람이 그네를 타고 가는지
그네가 바람을 밀고 오는지
가벼워진 내 몸도 웬만하면
허공에 높이 오를 수 있겠다고

적막처럼 다가오는 헐렁한 저녁이
그네로 흔들리고 있다

2부

중년의 온도

비 들이치는 밤

처마 밑에 신발을 들여놓고
배꼽이 무거운 남자는
이 층에서
관절이 시린 여자는
아래층에서

다른 비를 바라보고 있다

내리는 비 때문일까
서로 말이 없다

억새꽃

허연 아랫도리를 드러내 놓고
제 속을 털어내는 일이 흉이 될까 봐
저리 눕기도 하고
심하게 흔들리기도 한다

사람도 억새와 별반 다르지 않다
사는 일 팍팍할 때 눕기도 하고
불붙는 외로움이 가슴을 치는 날이면
우리도 소리 내어 울고 싶은 것이다
사람이니까 더 한 것이다

몸이 안으로 젖어서
내 안에 슬픔 하나 들이는 일이
서로를 다치는 일이어도
빈 들녘에 홀로 서 있는 것보다
마주 보고 흔들리는 것이 낫지 않겠느냐
흔들리지 않는 것을
우리는 억새라 말하지 못한다
〈

이맘쯤, 멀쩡한 사람도
움푹한 상처 하나 앞세우고
네게로 가면
저 장엄한 행렬 앞에
죄다 눈물 글썽이게 된다

어떤 퇴근

신호등 앞
누런 개 한 마리
느린 걸음으로 길을 건너고 있다

축 처진 꼬리털
엉킨 실타래처럼 푸석한 걸 보니
발톱에 낀 진물 같은
그의 고된 하루를 짐작하겠다

칼금 무수한 맨발을 끌고
잘못 빠져나온 지하도
겁먹은 꼬리털은 한 움큼 더 빠지고
힘에 부친 앞다리는 뻣뻣해져
절름발이 걸음이다

전봇대 아래
시름처럼 마려운 오줌을 갈기다
가만 흔들어 보는 꼬리
고양이 한 마리 어슬렁거리던 골목

넘어져 다시 땅을 짚고 일어나던
어깨를 들썩이던 막다른 길

저물녘
그의 퇴근은 힘들어 보였지만
꼿꼿이 올린 꼬리 아래
붉은 항문이 열리고
발걸음 가벼워지고 있다

딸의 시편

바다처럼 누운 찬 바닥에
히터 켜 놓고서 종종걸음을 친다
어디에서 배웠을까

틀어진 베개 판판하게 골라서 목뼈 세워주고
이불깃 당겨 바람 든 어깨 꾹꾹 눌러주고
언 발 자근자근 녹여 양말 속에 묻어주고
비탈밭 같은 젖가슴에 따순 손 비벼대다
흐려진 어미 눈에 제 눈 느리게 맞추다
간밤에 뱉어낸 가래통 두 손으로 들고 나가는
검은 머리 물끄러미 바라본다

성황 나무 아래 금줄 치던
배꼽 아래 흔적으로 열린 최초의 수직관계
스물한 살 그 손이 짚어준 말간 이마 위로
날 선 붓끝에 침을 묻힌다

딸, 다행히 너를 가졌다

콩밭에 서서

따 아악!
제대로 따귀 한 대 얻어맞은 기분이다
더는 참지 못할 마지막 카드처럼
정신줄 놓칠세라, 한 뺨
누런 이빨을 가진 자의 손맛은
바람과 햇살의 야합으로 한 방 날린
따끔한 충고 같은 거였다

발길 닿을 때마다
여기저기서 터져 나오는 탄식 소리
누렇게 익어가는 콩밭에 서서
난데없이 뺨 몇 대 맞고 바라본
얼얼한 10월의 들녘은

자성의 거울을 들여다보는 듯
허리 굽혀 귀를 바짝 세워 볼 만하다

시 쓰는 고양이

시 쓰는 고양이가 있다

혼자 사는 집에서 무서움도 잊고
소리 내어 낭독하기도 하고
나직이 시를 낭송하기도 하고, 때로는
목청 높여 노래를 부르기도 하지

눈 오는 날이면 창가에 앉아
낯선 이들에게 초대장을 보내고
벽난로에 장작을 하염없이 태우다, 그러다
바흐의 칸타타로 커피를 끓이지

그런 고양이가 밤이면 시를 쓴다

처마 밑 고드름 우는 소리에 귀를 열고
겨울새 밥 챙기는 손길 기록하기도 하고
빚더미에 나앉은 이웃의 힘든 문장 떠올리다
집 떠난 자식들 훌쩍한 냄비 들여다보기도 하지
〈

지루한 줄 모르고 사는 고양이
밤마다 시를 괴고 잠이 든다

봄밤

자주 흔들리거나 멈춘다
그의 굽은 등을 한 번 더 밀어야 할지 걱정인 시간
일몰이 내려앉은 저녁 공터
바람과 나 데면데면 앉아 있다

무릎뼈 세운 가랑이 사이로
그늘을 빚던 음지식물 잎사귀 몇 개
더듬어 보니 등이 휘었다
그때 내 말을 눈치챈 바람이
한 번 더 등을 밀어준다

그런 바람은 한 방향으로 불지 않는다
모래 위로 닳은 신발 뒤축이
힘겹게 올라가는 등을 받쳐주지 않고는
지상에서 가장 먼 별에 닿을 수 없다

높이 날아 봐
아이들 떠난 놀이터에서
그네를 부르는 바람의 소리
가파른 봄밤이었다

붉은 기원

밥알같이 키운 아들 집 떠난다고
자다 가도 벌떡 일어나
고물고물 챙겨서 한 살림 내보낸 후
이상하게 속이 하얘진 어미는
갈라진 손톱에 봉숭아물 들인다
여름내 꽃 울음으로 키워내던 속살을
기숙사로 보내고 분분한 꽃잎 손톱 위에
낙관처럼 찍어보는 여름 끝
손금 사이로 흘러내리는 꽃물 닦으며
붉은 기원 명주실로 감아 묶는다
조바심 내며 손톱에 얹어 보는 아들의 꿈
뒤척이며 그 위에 붉은 여심을 기원한다
지금쯤 도착했으리라
열 손톱에 봉숭아꽃 선명하게 들었다

씁쓸함의 함량

아침은 겨울
한낮엔 봄
어디 날씨뿐이겠는가
양은 냄비 같은 박 아무개
무슨 연유에서 너를 믿고
슬그머니 지갑을 열었건만
종잡을 수 없는 3월
토론토 날씨 같은 너는
내 속에 검은 숯덩이만 남기고 말았다

어디서 시작된 만남인지
때론 천둥 번개 같기도 하고
지친 날들 슬몃 보이는 날에는
들판에 핀 야생화 같기도 해서
혹 8월에 눈이 내리더라도 놀라지 말자, 하고
무심코 열었던 마음이건만

나는 분명 허리를 펴고 있었다고 했으나
무릎을 꿇었고 몸은 바싹 야위었다

도무지 알 수 없는 검은 머리 짐승의 실체
수만 리 길 가는 아무개여
부디 길 잃지 않으면 고맙겠다

불 끄지 못하는 방

한밤중 깨어 바람 소리 듣는다
바람은 밤에도 자지 않고
어둔 길 위를 끊임없이 돌아다니다
늦은 밤 이 집 저 집 창을 흔들어댄다
불 끄지 못하는 하얀 방
근래에 부쩍 많아진 듯
폭설을 타고 떠도는 축축한 소식 들으며
처마 밑에 쭈그리고 앉아
그 아픔을 아프게 듣는 겨울밤
나는 흔들리지 않으려고 벽을 껴안은 채
불안한 바람의 순찰을 지켜보고 있다

바람은 인간적이다
세차게 불다 가도 허공에 제 속 허물 줄 안다
그 흔들림의 뒤편에는 무수한 폭풍의 춤사위
그럴 때면 말뚝처럼 서서
불 끄지 못하는 고통의 방 하나 흔들린다
제 힘을 빌려 높은 곳으로 이전해 주고 싶은
바람은 세상에 없는 적선을 풀고 싶은 것이다

〈
어둠의 등을 밀고 가는 숨 가쁜 소리
불안을 식별하는 것엔 흰빛들이 더 치명적인 걸까
그런 초조함을 하얀 어둠이 먼저 알아챘다
바람 소리에 주목할 시간이다

괜찮습니다

손에 붕대를 감은 여자가 빗속으로 뛰어든다
머리가 젖지 않은 걸 보니
방금 병원문을 나선 모양이다
오른손으로 팔꿈치를 들어 올린
진물 환한 상처가 뜨거웠는지
마른 입술 달그락거리며
뭐라고 혼잣말하는 듯하다

나, 괜찮습니다
빗물에 젖었지만 짧고 굵은 듯
놀란 빗방울이 이마 위로 흘러내린다
알 수 없지만
무슨 의연한 다짐 같은 거다

살 속에 차오르는 누런 고름 같은
코끝을 스치는 비릿한 이 냄새
물기 머금은 해당화꽃을 지나는데
왜 울컥 설움이 붉은 꽃잎 위로 구르는 것일까
까마득하게 흘러들어오는 물소리

고름이 흰 살 차오를 때까지
열로 익혀내는 팍팍한 이방의 삶이
어쩐지 좀 너무하다고

물기 어린 환한 꽃들이
고개를 수그린 채 주문처럼 새어 나오는
뜨거운 생 앞에
여자가 두 번째 다짐한다
정말, 괜찮습니다

11월 예찬

로즈데일 농장은 삭발을 끝냈다

트랙터 바퀴 지나간 자리
옥수수수염 비명 가라앉히고
여백이 훤한 뒷등
뽑혀서 잘라 나간 수숫대는
한 계절 칩거에 들어갈 수행자의 자세로
말수가 줄어든다

드문드문 엎드린 농가의 적멸
새어 나오는 불빛의 체온을
경작의 마음으로 끌어안기 그만인 11월

몸에 물기 마르고
말씨 어눌해지기 전
또 하나의 귀만 열어 두고
천명의 낮은 음계로 듣는 노래처럼

고개 들어 오래오래
어스름 하늘을 바라볼 일이다

세 여자의 가을

걸려 온 전화 한 통
후루룩 국수를 말아 먹고
세 여자가 가을 속으로 떠났다

차창 너머 흔들리는 눈빛들
이유 없이 여름꽃은 지고
백미러 뒤로 허연 억새가 날리고 있다

타박할 수 없는 둥근 적요
망망대해 같은 들판에 누워
하얀 구절초 서로 머리에 꽂아 주고
소녀처럼 좋아라
이순을 바라보는 세 여자

나이 드는 일이 행복하다고
서로의 어깨를 다독이며
해 질 녘 강가를 내려오고 있다

개꿈

돌아눕는다
설핏 잠든 어젯밤
황금 자루에서 쏟아지던 누런빛
부정 탈까 입 봉하고 인터넷을 검색한다

생각만 해도 어깨에 힘이 들어간다
요양원에 계신 어머니 밀린 빚도 갚아 드리고
사글세 사는 동생 25평 아파트로 이사 가고
남들은 옆 동네 마실쯤으로 생각하는 쿠바행 티켓도
그리고 혼기 꽉 찬 딸 콘도 사는데 한 주먹 집어주고
6년째 올빼미 근무 단박에 때려치우고
여권 들고 지구촌 기웃거리는 일만 남았다

이방인으로 주눅 든 어제오늘
살다 보니 이런 일도 있나 싶어
뻣뻣한 목덜미를 좌우로 꺾어 보기도 하고
경직된 발가락을 꼼지락거려 보기도 하는데

눈을 떴다

누렇게 빛을 내는 황금빛
깨어보니 꿈이었다

바람의 생존방식

울부짖음에는 필시 이유가 있다
목젖 아래 깊숙이 짐승 한 마리 키우는 까닭이다
평범하던 금요일 폭풍주의보가 발령되었고
야산 중턱 아래 삐걱거리던 나무의자가 자리를 옮겼다
폐업한 공장 옥상 위로 지나가는 전깃줄이
생을 건 바람 앞에 외줄로 맞선다
사력으로 버텨 보지만 속수무책이다
막다른 골목에서 늘 헤어지던 숨 막히는 바람
점심 가방을 버스정류장에 슬며시 놓고
바람 부는 날 개처럼 죽고 싶어 하는 사내가 있다
제 목에 걸린 소주 한 모금의 취기를 핑계 삼아
공중에 쏘아 올린 짐승의 포효소리
사내의 주먹은 더욱 격렬해진다
마치 먹이를 빼앗기지 않으려는 본능적 절박감이다
그런 목울대를 울리는 퉁소 소리는 곳곳에 있다
저문 날 사내의 배꼽에서 우는 바람
바람이 할퀴고 간 자리에서 나무는 왜 일어설 수 없는지
  사내의 울음은 항변에 가까운 것이다

등에 업혀 건너온 그림자 위로 밤은 저물고
활처럼 몸을 당긴 바람이 링 위의 사내를 안내한다
그를 견인할 바람의 기류가 만만치 않다

반성이 사는 집

　오전에 거미 집을 덮치고 그의 세간살이를 걷어냈다 한낮 개미들의 대이동을 지켜보다 햇멸치를 널어두고 이웃집 고양이를 감시하던 중 그만 오수에 바다를 놓치고 사흘째 출타 중인 가장을 찾는 전화 심드렁하게 몇 번 받다 차고 위에 웃자란 엉겅퀴 오래도록 바라보는 일몰의 저녁

　모기 날아드는 저녁이 오면 먹다 남은 국수에 찬물을 붓고 면발을 목젖 아래 꾸역꾸역 밀어 넣는다 우리의 생이 그러하듯 불어터진 국수에서 슬픈 냄새가 난다 밥상 위에 뚝뚝 떨어지는 면발 같은 생의 연민들을 자근자근 입안에 삼켜 보지만 혓바닥에 달라붙은 질긴 비명들이 일제히 소리로 일어난다 소나기가 오려나 잔뜩 물기 머금은 젖은 마음을 꺼내어 말려 보려는데 캄캄한 글자들이 손끝에서 빠져나가는 아슬아슬한 생의 무늬들 제 속 허무는 안쪽을 파고드는 마음 어쩌지 못하는 나는 누구인가, 곧 찾아올 어둠

빈 처

멀리 있어도 밥을 함께 먹는 사이
수저와 젓가락 가지런히 놓고
뭇국에 고기 한 덩어리 건져 올리다
해 떨어지는 기별이 오면
먼지를 터는 휘청이는 팔을 위해
밥상은 정갈하게 차려져야 한다

먼저 먹으라는 말
갈 수 없다는 말이니
흐린 말끝에 별똥이 떨어진다
생을 기다림으로 채우는 저 눈빛
뭇국에 떠 있는 기름을 건져내며
물빛처럼 돌아앉은 밤이 오면
집을 버렸나, 그 사람
맞은편 어둠이 달그락거린다

출구를 찾지 못하는 어둠 속
기다리는 시간 내내
수저의 움푹한 빈자리 채우며
함께 밥을 먹는다

3부

고드름

녹아서 흘러내리는 것보다
나란히 매달려 있기로 했다

이 겨울 잠시 머물다 떠난 사람이
처마 밑에 종일 매달려 있어도 좋겠다
뚝 떨어져 한평생 절룩거려도
그저 바라볼 수만 있다면

떨어지지 않으려고 붙잡은
손과 손의 온기
마지막 칼금으로 버티고 있다

홍시 유감

물렁거린다는 말

내 안의 것 다 보여주고, 되려
뒤통수 맞고 돌아선
창시 없는 사람을 가리킨다

저것들, 상자 속에서
의연하고 위태로운 직립을 위하여
선 채로 잠이 들고
떫은맛 곰삭으며 물렁거리기까지
몇 날의 밤을 새웠을 것이다

접시 위에 앉은 존재감
씨 없는 홍시라고
만만하게 등을 댄 채
한입에 꿀꺽하다간 체하기 십상
물렁거린다고 뼈가 없는 것 아니다

이런 연유로

새해 인사차 들어 온 홍시는
눈치 보느라 더욱 붉다

밤을 건너는 시

무릎 사이
얼굴을 묻고 벽을 등진 채
홀로 마음 잠그는 일
이럴 때 나란히 걸어 들어오는
뼛속까지 사무치는 제 키만 한 문장들
외로움이 넉넉하여 시가 되었다

숲에 별이 뜨고
찔레꽃 향기가 문지방을 넘어오는
새벽까지 흔들리다
부르튼 입술로 달인 시 한 편 붙들고
왜 이리 외로운가

코딱지처럼 차악 달라붙어
읽어 달라 애원하는 미숙아 시 안고
새벽 이 시간을 가장 잘 알고 있는 내가
문장 속에 갇히기도 했다

꽃들이 푸른곰팡이로 피어날 때

제 목을 조르는 밤을 견디는 아픈 시 한 편

그게 시든
서푼 같은 연애든
새벽이 올 때까지 잠들지 못했다

야근할 만합디다

새벽에 퇴근한다
불 켜진 방에 책장 넘기는 소리
철컥, 현관문 여는 소리에 내려오는 발소리
새벽 귀가를 마중해 주는
어린 두 손과 눈빛이 따뜻하다

발꿈치 세운 발걸음
이 층 건넛방 불빛을 비켜간다
계단 아래 숨죽이던 어둠들
한사코 책 읽는 소리에 적막해진다

풀잎이 젖는 시간
가만 손 씻는 물소리를 듣는다
빛에 실종된 푸석한 얼굴이 거울 앞에
돌아와 달디단 꿈을 훔친다
그럴수록 발꿈치 세운 자는 책장의 눈치를 살핀다
흐린 불빛 새어 나오는 창 너머
두 개의 별이 지상의 어둠을 밝힌다
〈

여전히 아이들 책상과 논다

이맘쯤

새벽 퇴근은 환하게 도배되어 있다

모하비 사막에서 만난 비

여름내 바싹 탄 마음 젖으라고
가을비 내린다

목줄 조이는 세금 독촉장
눈 뜨면 달려드는 공과금 주눅에서
잠시 숨 돌리라고,
닭가슴살 같은 팍팍한 일상 제쳐두고
어딘 가에 젖어보라고
고엽 등 뒤로 훌쩍거리는 사선의 빗금이다

저 소리,
모하비 사막을 지나다 문득 막막해질 때
호통치는 천둥이 되고
정신 차리고 살라는 번개가 되기도 하는
수심 깊은 강의 울음이다

소리에도 보이지 않은 울림이 있다는데
바람도 없는데
너의 귓전에서 떨어지는 빗소리

그것은 일어나 걸으라는
등 토닥이는 소리 아니겠느냐고

한 울음 길게 들은 뒤
빚더미에 올라앉은 친구에게
전화라도 한 통 해야겠다

연말 증후군

빨간 볼펜으로 손수첩에 연락처를 지운다
일 년이 지나도록 전화 한번 없던 사이라면
미안하지만 이름 위에 밑줄을 긋는다
떨리는 손끝에서 술렁거리는 펜 끝
붉은 잉크가 할퀴고 지나가는 순간
섭섭하지만 너는 내게서 떨어져 나가고 있다

내 안의 깊은 적막을 지나
기적소리처럼 멀어져 가는 이름
연말이라서 그런가
어쩌자고 닫힌 인연이 뜬금없이 궁금해지는가

지금, 이 시간
캐롤이 은은한 찻집에서
누군가도 나의 이름을 지우고 있을 테지

무심하다는 말
초저녁 쓸쓸함으로
참 서늘하다

목재소 899번지

　강 언덕에 매달린 노을 따라 겨울을 걷는 여자는 아날로그식 보폭이다 바람을 등에 지고 길 없는 길 따라 마음 발자국 그 위에 찍으며 나를 들어 올리는 상대가 누구인지, 너의 입김이 SNS를 흔들고 있다는 걸 침묵으로 더 크게 말하려는데 혀 밑으로 침이 고이고 딸꾹질이 목젖을 파열시키는 동안 균형미가 도드라진 터무니 없는 여백 하나 쓸쓸한 배경으로 넓어지는 순간 입 꾹 다물고 고개를 꺾는다 발걸음 멈추고 바라본 돌담 목재소 899번지 지친 혓바닥이 돌아오는 중이다

지방 돈

십 년째 알고 지내는
박 아무개
최 아무개
김 아무개
부동산 투기로 사들인 콘도 두 채
곱으로 재미 보고
이래저래 눈먼 돈 굴러들어 왔다고
연신 염장질 해대는 요즈음

각목에 단단히 박힌 못처럼
펑퍼짐한 궁뎅이 붙이고 앉아
박힌 못 뺄 생각 없이
붙박이장으로 살아온 지방살이 수십 년
후끈한 토론토 달러에 주눅 들어
몇 장째 반성문 쓰는 8월의 끝자락

이쪽과 저쪽
지방 돈과 도시 돈
오직 높이로만 구분되는

자본은 해가 지는 법이 없지

큰 나무 서 있는 집 한 채 팔아도
도시에 개 집 같은 방 두 칸 살까 싶어
맥 못 추는 지방 돈 깔고 앉아
종일 주판알 굴려 보지만
한 시간 거리인 토론토는
갈수록 멀다

감정의 DNA

그것은 난해한 기호들로 이루어진 신의 영역이었다

목소리의 고저음에 따라 눈살을 찌푸리기도 하고
미간의 흐름에 따라 주눅 들어
눈이 깊어지고 목이 길게 늘어나기도 하지만
턱을 괴고 앉아 있는 그녀는 분명
낯선 음표들을 꺼내 건반에 옮기는 멜로디의 달인 같아 보였다

희고 검은 건반 위로 툭툭 떨어지는 고음들
미묘한 감정의 힘을 이용해 건반을 누른다

목에 얼굴을 묻고 가만히 음계의 높낮이를 받아내는 표정은
현을 두드리는 해머 같은 것이어서
내가 데리고 온 차갑고 이글거리는 푸른빛들은
분명한 음을 가진 그녀의 소리 곁에
반음의 방해자로 지쳐 돌아왔다
〈

다섯 손가락 버거운 건반 위의 음계들
뺨을 치듯
한바탕 소란을 피우고 간 뒤
고요하다

캐리비안 동백꽃

매번 장갑을 끼고 옆으로 잠이 든다
이유를 굳이 해명하라면
옹색한 대로 동백꽃을 좋아하느냐고 되묻는다
아직 봄 멀었으니 하강하지 않았을 거라 말한다

혹독한 추위 때문에 몸이 얼었다
폭설 그친 주말에 가방을 챙겼다
자메이카나 쿠바에 가면 뜨거워질 줄 알았건만
언 몸 풀어 금방 녹이고 싶었건만
등 돌린 우리는 밤새 뒤척이고 있다
서둘러 찾아온 카라비안 해안에서의 뜨거운 1월
몸이 이토록 얼어 있다니

닫힌 마음 식은 몸

겨울 눈 속에서만 피는 붉은 꽃
아픔을 아는 건 동백뿐이다
쿠바에서 자메이카를 떠올리며
모래사장 열기 같은 때론
얼음장 같은 변죽만 울리고 있다

지문의 기억

언젠가
큰 시인의 시집
책갈피 속 지문 냄새를 맡아본 적 있다
흐음, 뭐랄까, 그것은
산 벚꽃 숨결 머물던 흔적이
아니었을까

이렇듯 지울 수 없는 지문의 기억이란
바람에 날아든 꽃의 안쪽을 지키는 향기인데
그 숨겨진 행간의 씨줄과 날줄을
읽어낼 수 없음이 안타까웠다

다만 희미해진 문장의 속살을 만나
책장 어디쯤 얼룩진 습기로
앉아 있을 날숨의 자리,
이제는 바깥 표지에 남겨진
시인의 무게까지도 몸을 낮춘
꽃잎의 무늬인 줄 알겠다

그런 지문을 다행히 바람이 덮는다

단풍

밤새 달려온 무스코카 단풍이
돈벨리 계곡에 도착했다고
일간지 스타는 대문짝만한 화보를 전송했다

술에 취한 퇴근길
눈길 가는 대로 시동 끄고
창밖으로 손을 뻗으면
불에 덴 얼굴로 거기 그렇게 서 있는 너를
미처 피할 새도 없이
붉은 수혈 받을지 몰라
깃발처럼 손 흔들어 주었다

무스코카에서 취했을 때와
돈벨리에서 깨어날 때
취기로 발효했던 가을은
비틀거리며 초조해진다는 거
어쩌다 네가 어제의 노을처럼
붉고 노랗게 어른거리면 가을이다, 하고
뜨겁던 마음 따로 상처 따로

굳이 떠돌지 않아도
그렇게 한 계절을 접을 수 있을 것 같다

한 방 날리고 싶은 꽃

담장 위에 눈을 뭉치면 돌이 되고
밀반죽처럼 꾹꾹 눌러 주면 단단한 주먹이 된다
불끈 쥔 주먹이 방향감각을 잃었을 때
비로소 그 돌은 어떤 도구로 전락하고야 만다

부르르 떨던 주먹손
느슨해진 혈관에 혈압을 높이고
불과해진 광대뼈를 밀어 올리는 일 흔치 않지만
요즘 들어 착하게 살기 운동에 꽃을 달아줄 수가 없다

눈이 녹기 전에
한 방 날리고 싶은 꽃이 있다

예고 없이 뛰어든 카톡의 무례함
한마디 눈인사 없이 날아든 불나방처럼
흰 눈이 외등을 덮어도 불 끄지 못하는 밤
좀체 쓸어내리지 못한 채 명치끝에 남아 있다
담장 위에 쌓인 눈을 바라보다
털어내지 않으면 와르르 무너지고 마는

눈의 마음을 읽는다
장갑에서 눈을 털어내듯
불끈 쥔 마음을 풀 때가 되었다

이순耳順

숲에 들어서니
어둠은 이미 도착해 있었다
마을로 가는 길은 적막강산
어둠은 이미 자신의 표정을 수습해 놓았다는 듯
불안하거나 두려운 기색이 없었다

아직 가본 적 없는 낯선 갈림길
계곡은 컴컴하고 길은 멀었다
이럴 때 규정을 위반하려는 하산은
나를 훈계하거나 지적하지만
그것은 어떤 물음이나 대답도
쉽게 접근할 수 없는 영역이었다

빽빽한 밀도로 서 있는 나무처럼
과속으로 달려온 시간들
나는 두 팔을 벌리고 어둠의 밑동을 쓰러뜨렸다
시간은 변함없이 북쪽으로 달린다
위안처럼 확신 속으로
고개를 들어보면 슬그머니 사라져 버린 길

적막한 하산길에 서 있다

비나 보고 산다는 건

처마 밑에 서서 비를 바라본다

손등이 푸르고
발가락이 하얀
부추 같은 길고 가는 비

비나 보고 산다는 건
청승맞은 사치만은 아니다
젖은 침묵이 제 소리인 줄 알고
묵묵한 적요만으로
마음의 눈도 생긴다

이순 지나고
희끗한 고희를 바라보니
이제야 빗소리 들리는 듯
가늘고 긴 낙향
하루가 뜨겁다

차렸, 정신 차렸

정월 열하루 근무시간
치매 환자에게 머리 한 대 얻어맞았다

옆으로 잠시 고개를 돌렸을 뿐인데
둥근 과녁을 향해 날아든 신의 화살처럼
아득한 천장 위로 보이지 않던 손
눈에서 노란 별똥이 떨어지고 순간 휘청했다

정신 차렸…?
잠시 방관한 사이 벌어진 해프닝이었지만
비틀거리던 별똥이 맞은편
희미하게 앉아 있는 휠체어를 빙빙 돌린다
온몸으로 통증을 감지하며 순간 깨닫는다
정초 액땜 치곤 가벼운 훈계라 치자
하필 내게 한 방 날린 이유가 있겠거니

누군가 나를 한 대 쳤다는 것
운이 좋다거나
재수가 없다는 말을 덧붙일 수 있겠으나

닥쳐올 내일 앞에 차렸 불호령이라니
올해 액땜으로 애써 넘기려 한다

얼얼했던 통증이 조금씩 사라지니
문득 금년 운세가 궁금해진다

4부

설움

휘영청
달 차오르는 겨울 숲에
가만 입술을 포개 얹고
저리 울어 쌓는 부엉이

부엉……엉
엉……부어엉……
……엉, 엉, 엉……

누군가 소리 내어 울고 싶을 때
나도 설움에 젖어보는 거라

달 지는 새벽녘까지

아버지를 마시다

야가 왜 이리 늦다냐
채근하시는 아버지 안달에 발 벗은
어머니 담장 너머로 깨금발하는 어스름 저녁

밭일 마친 저녁상 위로 뭇국 식어가고
어머니 동구 밖 어귀에 눈 달고 계시는데
열 살 계집 주전자에 목 축이며 재 넘어오는 길
걸음이 비틀 거릴 때마다 아버지 목 길어진다

붉은 담쟁이 담을 넘는 가을날
주막집은 5리쯤 떨어진 사거리 골목길에 있다
"느그 아부지는 단골잉께 한 사발 더 간다"
주모의 싸구려 립스틱이 주전자의 몸을 핥는다

계집의 벌건 이마를 바람이 스쳐 지나간다
이따금 콧물을 옷소매에 훔치기도 하고
논두렁에 앉아 주전자 몸을 흔들어대다
빈 들판에 서 있는 허수아비를 셈하다
굴뚝에 저녁연기 흩어지는 마을을 내려다본다

턱을 괴고 무슨 노래를 불러던 것 같다

주전자의 홀쭉한 뱃살을 눈치챈
손이 말없이 막걸릿잔을 채운다
사발에 출렁이는 열 살 계집은 청춘으로 늙어가고
유통기한 넘긴 저편 추억을 달래며
지구 반대편에서 당신을 마신다

수염차

머리채를 잡히던 날
검고 긴 생머리를 잘라내던 가위질이
귀밑에서 멈추었다
발밑에 밟히던 참빗이 훌쩍였고
명주실 같은 머리가 등을 타고 흘러내렸다
그녀의 울음을 처음 듣던 날이었다

밭일 마친 호미손으로
입술을 오물거리고 보채는 노란 입에
그녀는 우선 왼쪽 젖을 물렸다
창호지 뚫린 방바닥 위로 옥수수수염이
수북하게 떨어졌다
수염이 아이의 울음을 그치게 했다
다행히 보드랍고 숱이 많은 머리였다
무릎에 앉힌 아이 배가 불러오는 동안
그녀의 정수리는 한 움큼씩 빠져나갔다

옥수수수염은 자장가였다
흘러내리는 긴 머리카락을 몇 번 말아 올리면

어느새 스르르 잠이 들었던 기억
그런 그녀는 짧게 커트 되었다

이방에서 살아가는 일이 버거워
몸이 옆으로 기울 때
수염차로 지독한 갈증을 마신다
그녀는 가고 없지만
편의점 진열대에서 여전히 웃고 계신다

낙담

16살 아들을 몇 대 쥐어박고 나선 저녁 강가
해 떨어진 그랜드 강에 후들거리는 다리를 끌고
하루를 망친 발걸음은 이만큼 위태롭다
차라리 이곳에 발걸음하길 잘했다

내 살로 빚은 자식 두들겨 놓고
저문 강가에 홀로 선 어미는
나르는 물새보다 자유롭지 못하다

"너 때문에 온 것이여, 이놈아!"
비스듬히 옆으로만 걸어가는 게에게
한 보따리 잔소리를 풀어놓고
아메리칸 드림이 철렁 닫히던 날
목젖까지 차오르는 눈물 어쩌지 못한 채
세상에서 가장 부끄러운 어미를 보이고 말았다

남의 땅에서
홀로 자식 키우는 일이
겨울 햇살에 빨래 말리기보다

오랜 치부를 드러내는 일보다
몇 배 어렵다는 것을
베개 젖어 본 사람은 안다

엄마 아리랑

붉은 깃발이 펄럭인다
집배원이 우체통 오른팔을 올려주고 떠난 아침
습관처럼 두 눈은 깃발에 가 있고
눈길 뛰어가는 젖은 신발은 가벼워서
시무룩한 하루가 관대하기까지 하다

밤새 쌓인 눈 속에 고향을 열어놓고
하루에도 수십 번 언 손 비비며
깨금발로 서성이는 우체통 앞
이틀이 멀다고 배달되는 우편물 중
모국어로 꾹꾹 눌러쓴 항공우편은
변방에 사는 막내딸 눈먼 기다림인데

십리 길 읍내 우체국
낡은 의자에 구부정하게 앉아
서툰 글씨로 한나절 보냈을 그녀의 손편지
떨어질세라 몇 번 침 발라 붙였을 우표 위로
낙관처럼 찍힌 손 지문 맡으며
종일 그녀의 굽은 등을 생각한다

〈
만 리 밖 바다 건너
낯선 땅 헤매다 날은 저물어
용케도 찾아온 그녀의 온기 부둥켜안고
글썽이는 눈처럼 콧등 시큰거리는데
폭설을 뒤집어쓴 붉은 깃발 아래서는
누구를 기다려도 헐한 저녁이다

호미로 살다

열 손가락 호미로 비탈진 땅에 고구마를 심었다
절 밭에 어머니는 자식의 납부금을 심었다
사람들 수군거릴 때마다 그녀는 호미를 세웠다
무딘 호미의 날을 가슴에 쓱쓱 비벼 갈았다
일구어낸 자갈이 봉분의 키를 넘을 때까지
피 터진 호미는 가난을 헤치고 일어섰다

늦은 밤, 몸을 뒤척이는 호미는
배고픔을 달래 주던 유일한 밥이었다
짓무른 손끝과 피 멍든 살점이 욱신거렸지만
가난을 타박하거나 한숨짓지 않았다
시린 관절에 물 빠지는 소리 아랑곳 않고
밭이랑에 앉아 고구마만 바라보았다
튼실한 줄기 뻗은 고구마가 보기 좋았다
그러면 호미는 자갈의 몸을 한 번 더 쳐냈다
호미는 제 몸 찢기는 줄도 잊은 채
그렇게 혼자 시름을 달랬다

고구마 같은 자식들

호미 끝에 따라 나와 줄줄이 앉는다
지게에 수북하다
이제 호미가 호미를 위로한다

전생에 호미였을 어머니!

내일은 만월

만월이 UPS로 배달되었다
발신지 없는 포장을 풀자
에어캡을 뒤집어쓴 얼굴이 함빡 웃는다

너는 노랗게 웃는구나
어젯밤 꿈에 온 해바라기처럼
맑으나 흐린 구름 밖에서
맨발로 뛰어내린 발목 없는 신발을 신고
달빛에 가린 캄캄한 밤을 어떻게 걸어왔는지
흥건히 베개가 젖었다

어떤 저녁은 휘영청 사방이 빛났고
어떤 날은 저녁의 모서리를 맴돌다 사라지기도 하지만
무심한 별들이 숲을 밀어내는 아픈 밤에
달은 자작나무 어스름에 몸을 숨긴다

변방의 고단한 소음을 안고
고요히 잠든 마을을 내려다보며
바람 소리 풀벌레 울어대는 창가에서
휘영청
너는 아직도 노랗게 웃는구나

귀향

봄날 고향 찾아가는 길
물은 차오르고 신발은 흙탕물에 젖어
복사꽃 향기 발등에 흩어진다
아흔 넘기신 아버지 헛기침 뒤란에 맴돌고
팔순 어머니 쓸쓸한 푸른 대문 지키던 자물쇠
비에 젖어 쇳물을 토해내고 있다
60년 가까이 사시던 고향집 떠나
큰아들 성냥갑 집에 거처 옮기시던 날
이삿짐 뒷자리에 앉은 당신의 등 흔들리셨다지요
너무 늦게 찾아온 옛집
어디를 둘러봐도 그리움이다
툇마루 떠나지 않던 햇살 마당 가에
퍼내지 않은 우물은 불어 이끼만 푸르다
장독대 키를 넘는 봉숭아꽃 저 홀로 피었다 지고
뜰 방에 발 딛고 떠나려는 데 삐그덕
부엌문 열고 나오시는 어머니 발소리에
열세 살 소녀 아련한 햇살에 어질하다

글썽이는 곶감

남도 땅끝에서 보내신 곶감을 펼쳐 놓으면
어머니의 숨결이 내 목을 감싸 온다
달큼한 맛에 목이 메이면
헐렁해진 가는 팔로 나를 안고는
두 손으로 언 뺨을 비빈다

그녀가 굽은 허리를 펴고
종일 매달린 감을 올려다봤을 날들
침침한 눈 비비면서
곶감을 만들었을 손길을 떠올린다
"뭐 하러 그렇게 힘들게 해서
먼 나라 딸에게까지 어머니도 차암……"
나는 눈가를 훔치며 혼잣말을 한다
그러다가 어쩌면 이 곶감도
마지막일 거라는 생각에 손이 풀린다

펼쳐 놓았던 포장지 위에 곶감을
들었다 놓았다 하는 동안
〈

콧등 시큰거려 내다본 창밖엔 어느새 눈보라
먼 데서 달려온 성긴 눈발
글썽이며 녹고 있다

새벽에 온 전화

　넘의 나라에서 안 해본 일허고 사느라고 고생이 만치야
　어젯밤 꿈자리가 하도 뒤숭숭혀서 전화 한번 너 봤다
　느그 아부지는 자식들 놀랜다고 밤늦게 전화 못 하게 혀 싼다
　그런디 뭔 놈의 꿈자리가 그럭크롬 얄궂다냐
　목 심지가 타고 가심이 벌렁벌렁해서 내가 몬 차 죽것드라
　몸 성헌 것이 큰 재산잉게 어찌 되얏든 아프지 말 그라
　돈으로 건강은 살 수 없는 것잉게
　소꿉장난허다 부르면 다 놓고 가는 것이 인생인디
　손해 보는 듯혀야 신간 편하게 발 뻗고 자는 것이여
　많은 걸 가질라고 욕심부리다 스트레스인가 뭔가 와서 몸씰 병에 걸린다고 윗동네 금자네 엄니가 그러드라
　사는 동안 넘에게 베풀고 손구락질 안 당허고 살면 잘 산 것이여
　그리 살기가 어디 쉽기야 허것냐만

　전화를 끊고 엎치락뒤치락
　불 끄지 못했다

투정과 투쟁

게임기를 든 12살 아들이
일하는 아빠에게 한마디 툭 던진다

아빠! 주말 하루 문 닫고 쉬어요

놀면 누가 밥 준다드냐?

왜 우리는 맨날 일만 해야 해요?

허튼소리 말아라

얹혀사는 우리는 놀면 밀리는 법이여, 임마

햇볕 내리쬐는 주말 오후
먼지 묻은 장갑을 털어 뒷주머니에 쑤셔 넣으며
아빠는 그랬다

아들의 투정은 아빠에겐 투쟁이었다

아버지의 겨울

아버지 헛기침 따라나서는 햇살의 뒤태 눈부시다
폭설에 갇혀 연약해진 관절에 물 빠지는 소리
못 들으신 척 마실 나가신 당신은
곰국 끓이는 걸 아시는지 이리 발걸음 더디다
몇 번의 깨금발로 길 위의 햇살을 훔쳐보지만
시장기 놓친 당신을 기다리는 일은 허사였다
철길 위에 놓인 빛의 음계가 반짝일 때마다
당신의 허기는 하늘에 닿는 노래가 된다
마을을 지나가는 기차는 하루에 한 번
모든 불안과 무료함을 싣고 떠난다
지상의 햇살은 당신에게는 꽃이다
국물이 냄비 바닥에 몸을 드러낼 때
후들거리며 집으로 향하는 길
기차 시간을 셈하는 당신 너머
겨울이 실려 오고 있다

담쟁이 그 기억으로

어머니는 나를 유독 혹독하게 키웠다
늘그막에 낳은 자식 당신 먼저 가면
이리저리 굴러다니는 냉장고 찬밥 신세 될까 봐
돌담 속 곤충이나 벌레를 피해 가는 일이며
세상 절벽에 관한 이론과 실기를 병행해 주었다

삶이란 절벽을 기어 오르는 일이었다
어머나 생전의 말씀처럼
덩굴손 뻗어 악착같이 기어 올랐다
거미가 앉았다 간 자리 눈길 거두고
바람과 이슬 온기 붙잡은 절벽 끝에서
여린 손을 뻗어 푸르게 오르는 건
이방에서 최후의 수단이기도 했다

넝쿨은 아래로 뻗지 않고 기어 오르는 습성을 지녔다

벽에 손을 뻗을 때마다 두 발을 받쳐주던 어머니
곤고한 변방의 기록을 벽에 점자로 남기며
그 기억으로 떨어지지 않고 견뎠다

미세스 김 블루스

손님 한가한 날
바짓단 줄이다 벽에 등짝 대면
앞뒤 좌우로 꾸벅꾸벅 졸기 일쑤다

뿌연 세탁소 창 너머
한 계절이 바뀌는 줄도 모른 채
둘러업고 도망가도 깨어날 줄 모르는 여자

맞어, 눈붙인 30분은
밤새 긁어대던 딸아이 아토피 연고 발라주던 잠이고
그래 맞어, 엉덩이 붙인 1시간은
절인 배추 소쿠리에 물 빠지기 기다리던 잠이며
맞어 맞어, 관절 삐걱 이는 2시간은
배달 다니느라 한나절 운전대 잡은 곤한 잠일 테지

졸다가 바늘에 손이 찔리기도 하고
발밑에 떨어뜨린 단추 줍기를 수십 번
쪽문 사이로 스며드는 햇살에 굽은 등 대고
단골 에릭의 바짓단을 홀치기한다

〈
두 발 뻗은 잠 속에 꽃씨를 뿌려놓고
노루발 톱니에 감기는 북실처럼
잠꼬대 속으로 빠져드는 여자!

뒤편을 읽다

창가에 앉은 두 여자
표정으로 서로를 읽는다
뜯지 못하고 밀쳐둔 납부고지서 같은
우울한 생의 무늬들
차가운 빨래 널어 말리듯
생의 뒤편 뒤적거려보는 유월의 오후

날지 못하는 비상은 의외로 많다
땅만 보고 들락거리는 둘째 녀석이
낡은 목선처럼 지쳐 있다고
늦은 밤 멍한 눈길로 이력서나 쫓고 있는
창틈으로 스며드는 찬바람 같은 녀석
끝내 차오르는 설움 같은 거
변방에서 뿌리내리는 일 쉽지 않았으리라

커피는 식어가는데
찬 무릎을 끌어당기는
저 뒤편에는 숱한 점자가 박혀 있다
표정을 들켜버린 그녀는

오늘같이 분분한 날에는 더욱
등을 쓰다듬어줄 손이 필요할 것이다

수국꽃

비 내리는 저녁
앞마당에 핀 수국을 바라보다
고봉밥 한 그릇을 생각한다

둘러앉은 저녁상 너머 숟가락 부딪히던 날들
투덜대던 밥상 앞에 훌쩍이며 건너편
오빠 수저 위로 피어나던 저 수국꽃
갓 퍼온 고슬고슬한 쌀밥으로
한바탕 젖은 여름을 피우고 있다

앙앙, 흰 밥 달라 보채던
들키고 싶지 않은 열 살 계집의 유년
큰오빠는 장손이라 수국 밥 차리고
동생은 막내라서 흰 꽃잎 날려야 한다고
7남매 제비 입에 흰 밥 물리지 못하는
그녀의 긴 한숨 어쩌지 못하고

고된 몸 바싹 붙이고 바라보는 이순 길
터질 듯 물기 어린 그 기억으로

이방의 화단에 꽃 피우기 위해
수국꽃 핀 그 길을 얼마나 서성거렸을까

수북한 저녁상 차려놓고
하얗게 젖고 있는 수국을 바라보다
저 홀로 꽃물 들이지 못하는
여자가 물빛으로 돌아앉은 저녁

수국이 피었다 진 자리마다
귀밑머리 희끗한 분홍 계집이
고봉밥으로 비에 젖고 있다

풍경 소리

몇 번의 인사였을까

이삿짐 꾸리던 날
어둠이 아침보다 먼저 도착한 문 앞
서성이는 내게 불쑥 내민 풍경 하나
절집 같은 내 집 처마에 매달아 두란다

나는 그에게 줄 것이 없다

그를 보내던 날이
함박 함박 목련 지던 이맘쯤이던가
어떡하다 젖어 사는 일이
건달처럼 두려운 날
뎅그랑 그랑…… 뎅그랑 랑
바람 소리, 풍경 소리
사흘째 꿈속에서도 그는 오지 않는다

울타리 공법

허물어져 가는 담장 아래
등을 맞댄 어깨들이 지탱이라는 슬로건 걸고
바람의 저항 앞에 각 세우고 있다

오른손을 등에 얹고
왼손을 어깨 위에 올리기만 해도
울타리의 기본자세는 갖추어진 셈이다
바람의 방향을 파악하는데 이골이 난 등뼈들은
어깨의 온기가 식어갈 즈음
울타리의 표정을 금방 알아차리고
우울한 팔의 근육을 풀어
잠시 바람의 시간을 배회한다

바람의 틈새로 목을 젖히고
깍지 낀 어깨로 등을 받쳐주는 자세는 울타리의 공법
서로 등을 댄 자들의 식지 않은 온기만으로도
어깨와 휘어진 등의 거리는 좁혀지고
저 헐한 어깨들의 아름다운 협업이
겨울 들판을 지킬 것이다

■□ 해설

가장 낮은 곳에서 피어나는 강한 생명력을 찾아서

문정영(시인)

 2008년 문학과지성사에서 발간한 심보선 시집 『슬픔이 없는 15초』는 수많은 질문의 시작이었다. '사랑이 있는 15초', '고요가 있는 15초', '시가 없는 15초' 등 누구나 자신에게 던질 수 있는 질문이다. 20대 초반 캐나다에 홀로 정착한 정봉희 시인도 마찬가지였다. 학업과 취업 그리고 결혼 그 후 재취업을 통해서 타국에 정착하기까지 지난한 생활 속에서 수없이 던진 질문에 대한 답을, 글을 통해서 해소한 것이다. 그런 결실이 이번 첫 번째 시집이며, 그간 써 왔던 수없이 많은 작품 중에서 생을 관통하는 편 편들의 질문과 답을 독자에게 준다.

그래서 정봉희 시인의 시 세계는 '가장 낮은 곳에서 피어나는 강한 생명력'에 초점을 맞추고 있다. 이 시들은 희생, 불안, 고독이라는 보편적인 인간의 감정을 이주민, 어머니, 노동자 등 경계에 선 존재들의 구체적인 삶에 투영하여 깊은 울림을 준다. 고난 속에서도 꺾이지 않고 묵묵히 삶을 이어나가는 인간 정신의 아름다움을 증언하는, 진실하고 감동적인 기록이다. 즉 이민자의 디아스포라적 실존적인 삶에서 볼 수 있는 이방의 고단한 노동, 고국에 대한 향수, 고독, 외로움, 불안 등의 상징이 확연하게 그려지고 있다.

정봉희 시인의 시를 펼치면 주변의 소란이 사라지고, 시구 사이 물방울처럼 자리한 슬픔이 쉼표가 된 시를 소리 내어 읽을 수 있다. 삶을 응시하는 시선의 깊이는 그가 살아온 시간의 증거이다. 젖은 날개를 펼쳐 불어오는 바람을 타고 날아가는 새가 되어 바다 건너 이국으로 향했던 시인. 추락하는 날개일지라도 허공을 가르는 한 줄의 획, 간절히 빚은 글자의 밧줄을 내일을 향해 던지고 다시 비상을 꿈꾸며 버텨온 삶의 기록이 시로 남았다.

한마디로 시인은 "먼 길/ 어렵게 돌아 여기까지 왔다"라고 말한다. "시를 쓰지 않았다면 알지 못했을 절망"(시인의 말)감 속에서, 시를 낳는 일과 자식을 낳는 일은 곧 어미가 되는 일이었다. "영락없이 에미를 닮은 어미"라고 쓰고 이민이라는 "빙판을 걷습니다"라고 읽으면 될 것 같다.

외줄타기처럼 외롭고 고단했던 한 사람의 자서전이 치열하게 조탁한 시가 되어 흐른다. '그랜드 강'을 거닐며 물결 속에 지워지길 남몰래 꿈꿨던 시인이 한 아이의 엄마가 되어 '어미 릴레이'를 이어가기까지, 고통스럽게 숙성해 온 삶은 우리가 살아가는 세상의 모든 것을 품어 안은 '어떤 응시'의 지경에 이르렀다.

누구든 "손끝에서 빠져나가는 아슬아슬한 생의 무늬들 제 속 허무는 안쪽을 파고드는 마음 어쩌지 못하는 일몰의 저녁"(「반성이 사는 집」)을 만나는 날이 오면, "움푹한 상처 하나 앞세우고"(「억새꽃」) 시인의 시를 마주하며 고요한 위로를 받을 수 있을 테다.

정봉희 시인의 시를 관통하는 큰 줄기는 이민자의 고단

한 삶, 고향에 대한 그리움, 매일을 치열하게 반성해 온 자기 성찰의 밤, 그리고 아프게 삶을 살아가는 사람들의 이야기다. 그 큰 줄기를 따라 정봉희 시인의 시편들을 읽어보자.

1. 이민자의 고단한 삶과 시 쓰기

이번 정봉희 시인의 시집에는 하나의 소재로 다양한 의미를 끌어낸 시편들이 많다. 이번에 소개하는 작품도 이민자의 고독과 그 고독을 이기기 위해서 시를 써야만 하는 내면의 노래다.

  시 쓰는 고양이가 있다

  혼자 사는 집에서 무서움도 잊고
  소리 내어 낭독하기도 하고
  나직이 시를 낭송하기도 하고, 때로는
  목청 높여 노래를 부르기도 하지

  눈 오는 날이면 창가에 앉아

낯선 이들에게 초대장을 보내고
벽난로에 장작을 하염없이 태우다, 그러다
바흐의 칸타타로 커피를 끓이지

그런 고양이가 밤이면 시를 쓴다

처마 밑 고드름 우는 소리에 귀를 열고
겨울새 밥 챙기는 손길 기록하기도 하고
빚더미에 나앉은 이웃의 힘든 문장 떠올리다
집 떠난 자식들 훌쩍한 냄비 들여다보기도 하지

지루한 줄 모르고 사는 고양이
밤마다 시를 괴고 잠이 든다

- 「시 쓰는 고양이」 전문

    시인은 여러 가지 모습으로 시에 등장한다. 「시 쓰는 고양이」는 단순히 의인화된 동물을 형상화한 서정적인 시가 아니라, 이민자인 자신의 삶을 은유적으로 드러내는 작품으로 읽힌다. 시 속 고양이는 고독한 환경 속에서 낭독과 노래, 시 쓰기를 통해 자아를 지탱하고 있다. 이는 낯선 사회적 문화적 맥락 속에서 자기 존재를 유지하고자 하는 이민자의 실존적 태도와 깊이 맞닿아 있음을 알 수 있다.

첫 연에서 고양이는 "혼자 사는 집"이라는 공간적 고립 속에서도 목소리를 내며 자기 존재를 확인하고자 한다. 이는 언어적 장벽과 사회적 고립을 겪는 이민자가 '말하기'와 '쓰기'를 통해 정체성을 지켜내는 과정과 평행을 이룬다. 낭독과 노래는 단순한 행위가 아니라, 주체가 타자와 세계 속에서 자기 위치를 재확인하는 행위로 보인다.

중간 부분에서 "눈 오는 날 창가에 앉아" "초대장을 보내고" "바흐의 칸타타로 커피를 끓"이는 장면은 이민자가 삶을 버티는 은밀한 힘이다. 타국에서 이민자는 소소한 의례적 행위를 통해 낯선 환경을 견디고, 자신만의 정체성을 구축한다. 또한 시적 화자는 고양이를 통해 공동체적 연민을 드러낸다. "빚더미에 나앉은 이웃"과 "집 떠난 자식들"의 이미지는 이민자가 직면하는 경제적, 정서적 단절을 환기하며 시는 그렇게 개인의 기록을 넘어, 타인과 세계를 향한 연민의 언어가 된다.

종결부의 "밤마다 시를 괴고 잠이 든다"라는 구절은 오래도록 여운이 남는다. 시는 단순한 표현 행위가 아니라, 고통을 견디고 존재를 지탱하는 정신적 기둥으로서 기능한다. 따라서 이 작품은 '시를 쓰는 고양이'라는 환상적 이미지 속에서, 이민자가 언어·문화·고독의 경계를 넘어 자기 존재를 유지하는 방식을 제시한다.

「시 쓰는 고양이」는 외롭지만 지루하지 않고, 고단하지만 여전히 아름다운 삶. 고양이처럼 시를 쓰며 살아가는 이민자의 모습에서 우리는 문학이 삶을 지탱하는 방식, 그리고 언어가 존재를 구원하는 방식을 확인하는 데 성공하고 있다.

> 허물어져 가는 담장 아래
> 등을 맞댄 어깨들이 지탱이라는 슬로건 걸고
> 바람의 저항 앞에 각 세우고 있다
>
> 오른손을 등에 얹고
> 왼손을 어깨 위에 올리기만 해도
> 울타리의 기본 자세는 갖추어진 셈이다
> 바람의 방향을 파악하는데 이골이 난 등뼈들은

어깨의 온기가 식어갈 즈음

울타리의 표정을 금방 알아차리고

우울한 팔의 근육을 풀어

잠시 바람의 시간을 배회한다

바람의 틈새로 목을 젖히고

깍지 낀 어깨로 등을 받쳐주는 자세는 울타리의 공법

서로 등을 댄 자들의 식지 않은 온기만으로도

어깨와 휘어진 등의 거리는 좁혀지고

저 헐한 어깨들의 아름다운 협업이

겨울 들판을 지킬 것이다

-「울타리 공법」

"소꿉장난허다 부르면 다 놓고 가는 것이 인생"(「새벽에 온 전화」)이라는 어머님의 말씀처럼, "열로 익혀내는 팍팍한 이방의 삶"(「괜찮습니다」), 그 "울부짖음에는 필시 이유가 있겠군요"(「바람의 생존방식」). "이방에서 살아가는 일이 버거워 몸이 옆으로 기울 때"(「수염차」) 시인은 "누구를 기다려도 헐한 저녁"(「엄마 아리랑」)을 보낸다.

누구에게나 "삶이란 절벽을 기어오르는 일"(「담쟁이 그 기억으로」)이겠지만, 이민자들에게도 삶이란 유독 가파른 절벽이다. 시인은 두고 온 고국과 고향, 그리고 어머님이 자꾸 눈에 밟힌다. 그런데도 시인은 "깍지 낀 어깨로 등을 받쳐주는 자세"를 배운다. "서로 등을 맞댄 이들의 식지 않은 온기"는 얼마나 귀한 것일까. "저 헐한 어깨들의 아름다운 협업"이 삶이라는 들판, 이민이라는 겨울 들판에서 서로를 지켜줄 것이다. 아직 다 이르지 못한 길에서 울타리의 자세는 시인 자신만의 삶의 태도일 것이다.

숲에 들어서니
어둠은 이미 도착해 있었다
마을로 가는 길은 적막강산
어둠은 이미 자신의 표정을 수습해 놓았다는 듯
불안하거나 두려운 기색이 없었다

아직 가본 적 없는 낯선 갈림길
계곡은 컴컴하고 길은 멀었다
이럴 때 규정을 위반하려는 하산은
나를 훈계하거나 지적하지만
그것은 어떤 물음이나 대답도

쉽게 접근할 수 없는 영역이었다

빽빽한 밀도로 서 있는 나무처럼
과속으로 달려온 시간들
나는 두 팔을 벌리고 어둠의 밑동을 쓰러뜨렸다
시간은 변함없이 북쪽으로 달렸다
위안처럼 확신 속으로
고개를 들어보면 슬그머니 사라져 버린 길

적막한 하산길에 서 있다

– 「이순耳順」 전문

  이 시는 이민자의 중년을 어둠 속 성찰로 제시한 점이 인상적이다. "어둠은 이미 도착해 있었다"라는 구절은 디아스포라적 삶이 경험하는 근원적 고립과 불안을 드러낸다. 그러나 "어둠의 밑동을 쓰러뜨렸다"라는 몸짓은 절대 체념하지 않은, 실존적 반항을 역설적으로 보여주는 대목이다. 또한 이민자의 삶이 끝내 귀향하지 못하더라도 이방의 삶 속에 자기 확신을 새겨나가는 과정이라 말할 수 있다.

2. 그리움으로 인내한 세상 들여다보기

누구에게나 있는 그리움이지만 멀리 떨어져 있어 닿을 수 없는 그리움은 통증이다. 그 깊이는 겪어본 사람만이 알 것이다. 그 눈으로 바라본 세상 읽기는 그래서 더 특별하다.

> 멀리 있어도 밥을 함께 먹는 사이
> 수저와 젓가락 가지런히 놓고
> 뭇국에 고기 한 덩어리 건져 올리다
> 해 떨어지는 기별이 오면
> 먼지를 터는 휘청이는 팔을 위해
> 밥상은 정갈하게 차려져야 한다
>
> -중략-
>
> 출구를 찾지 못하는 어둠 속
> 기다리는 시간 내내
> 수저의 움푹한 빈자리 채우며
> 함께 밥을 먹는다

- 「빈 처」 전문

이번 시에서는 식구를 기다리는 마음이 절절하다. 화자가 그 식구를 멀리 타지로 보내 놓고 팔을 휘청이며 끓인 뭇국 속에 그리운 이를 기다리는 애잔함이 녹아 있다.

손에 붕대를 감은 여자가 빗속으로 뛰어든다
머리가 젖지 않은 걸 보니
방금 병원문을 나선 모양이다
오른손으로 팔꿈치를 들어 올린
진물 환한 상처가 뜨거웠는지
마른 입술 달그락거리며
뭐라고 혼잣말하는 듯하다

나, 괜찮습니다
빗물에 젖었지만 짧고 굵은 듯
놀란 빗방울이 이마 위로 흘러내린다
알 수 없지만
무슨 의연한 다짐 같은 거다
〈

살 속에 차오르는 누런 고름 같은

코끝을 스치는 비릿한 이 냄새

물기 머금은 해당화꽃을 지나는데

왜 울컥 설움이 붉은 꽃잎 위로 구르는 것일까

까마득하게 흘러들어오는 물소리

고름이 흰 살 차오를 때까지

열로 익혀내는 팍팍한 이방의 삶이

어쩐지 좀 너무하다고

물기 어린 환한 꽃들이

고개를 수그린 채 주문처럼 새어 나오는

뜨거운 생 앞에

여자가 두 번째 다짐한다

정말, 괜찮습니다

- 「괜찮습니다」 전문

"정말, 괜찮습니다"는 정말 괜찮지 않다는 반어일 텐데 어떤 생을 살아내고 살고 있어 이토록 집요하게 자기 삶의 비의를 부정하고 있을까? 사람이 살면서 사고나 큰일을 겪고 나면 두 번째 삶을 산다고 한다. 이 작품에선 구체적인 사건의 전말은 드러나지 않지만 아마도 시적 주체가 겪어온 생의 한 장면에서 살아갈 날들에 대한 다짐이 잔잔하게 전이된다. 정말, 괜찮습니다에서 정말과 괜찮습니다 사이의 간극이 그가 살아내고 살아갈 아득한 생의 과정으로 읽히기 때문이다. 이방의 삶이 녹록하지 않았을 것이다. 힘든 일을 인내하며 살아야 할 때, 살아낼 수밖에 없을 때 자신을 다그치던 수많은 다짐들, "정말, 괜찮습니다"라는 말 속에 얼마나 많은 정말, 괜찮지 않은 일들을 극복하며 살아왔을까. 그럼에도 시인은, 우리가 '뜨거운 생'의 주체자이기 때문에 긍정으로 표출한 것은 아닐까!

마늘 한 접에 60불이면
키운 공력에 비해 속이 쓰리다가도
딸 책 한 권 값이라 생각하면
그만 입맛이 돌고 배가 불러오는 거라

마늘종 한 봉다리에 5불이면
뽑은 수공으로 치면 야박하다 싶다가도
아들에게 통화할 카드 한 장 값인데 생각하면
손톱에 배인 독한 마늘 냄새가

수화기를 든 순간 향긋해지는 거라

　　　내 어머니가 그렇듯
　　　나도 영락없이 에미를 닮은 어미였다

　　　　　　　　　　－「어미 릴레이」 전문

　'어미 릴레이'는 모성애가 가진 헌신적이고 희생적인 가치를 경제적인 '수입'과 '지출'의 대비를 통해 보여주는 인상적인 시다. 마늘 농사로 얻은 60불의 수입이 "키운 공력"에 비해 속이 쓰리지만, 그것이 딸의 "책 한 권 값"이 되는 순간, 물질적인 손해는 곧바로 정서적인 포만감('입맛이 돌고 배가 불러오는')으로 뒤바뀐다. 마늘종 5불도 '수공'으로 치면 야박하다 싶다가도, 아들과 통화할 "카드 한 장 값"이 되는 순간 "독한 마늘 냄새"는 "향긋해지는" 향으로 변모하는 것이다. 시의 제목처럼, 어머니에게서 배운 희생과 헌신의 가치가 화자 자신에게 이어지는 '어미 릴레이'를 고백하고 있다. 이는 고단한 노동을 자식 사랑으로 승화시키는 정서적 대물림이자, 시대를 넘어선 영원한 순환임을 보여준다. 결국 이 시는 고단한 노동의 가치를 자식의 미래와 행복이라는 정신적 가치로 기꺼이 환산하여 만족을 얻는 모성애의 숭고함을 그려내고 있다.

3. 자기 성찰을 통한 시 쓰기

정봉희 시인의 시들은 삶의 고통과 애정을 꿋꿋이 견뎌내는 존재들의 이야기를 깊은 시선으로 담아내고 있다. 특히 모성애, 이주자의 삶, 생존의 불안과 의지라는 핵심 주제들을 현실적이면서도 상징적인 이미지로 엮어내, 독자의 가슴에 뭉클한 공감과 성찰을 불러일으킨다.

> 무릎 사이
> 얼굴을 묻고 벽을 등진 채
> 홀로 마음 잠그는 일
> 이럴 때 나란히 걸어 들어오는
> 뼛속까지 사무치는 제 키만 한 문장들
> 외로움이 넉넉하여 시가 되었다
>
> -중략-

꽃들이 푸른곰팡이로 피어날 때

제 목을 조르는 밤을 견디는 기이한 생각

그게 시든

서문 같은 연애든

새벽이 올 때까지 잠들지 못했다

－「밤을 건너는 시」 일부

  이 시는 외로운 밤을 시로 건너가는 화자의 내면 풍경이 잘 그려져 있다. 무릎을 꿇고 홀로 마음을 다잡는 순간에도 외로움은 문장으로 흘러나와 시가 되고, 별빛과 찔레꽃 향기 같은 자연의 기운조차도 불면의 마음을 흔든다. "제 목을 조르는 밤"이라는 표현처럼, 밤은 고통이자 동시에 시가 태어나는 자리다. 고독 속에서 피어난 시의 본질을 담담하게 보여주고 있으며, 삶의 외로움조차 언어로 길어 올리는 시인의 태도가 잘 전달된다. 어두운 밤을 건너는 일은 누구에게나 낯설고 힘겹지만, 이 시는 그 길 위에서 잉태된 언어의 빛으로 찬연하다.

  수많은 고독의 밤에, 숨차게 달리는 백일의 낮에. 시인은 비와 바람, 새벽을 건너는 어둠에서 '천명의 음계를 노래'하는 생명의 노래를 듣고 기록한다. 그녀의 시는 넝쿨의 점자를 닮았다. "곤고한 변방의 기록을 벽에 점자로 남기며"(「담쟁이 그 기억으로」), 묵묵히 삶의 절벽을 기어 오른 이가 마침내 만난 생의 고지에서 전하는 생생한 육성을 읽는다. 첫 번째 시집을 세상에 펼친 시인의 내일은 어디를 향해 오르고 있을지 문득 궁금해지는 순간이다.

4. 삶을 아프게 사는 현대인의 노래

경제적 불확실성과 경쟁, 급변하는 기술은 현대인의 삶을 휘몰아치는 거대한 파도이다. 삐걱거리는 나무 의자에 앉아 전깃줄 같은 디지털망에 연결된 우리는 불안정한 인간관계와 쉽게 금이 가는 자아를 드러낸다. 정류장에 점심 가방을 내려놓은 사내처럼, 이 거센 바람 앞에서 무력해진 현대인은 일상의 무게를 잠시 내려놓고 싶은 갈망을 품는다. 수면 아래서 길러온 짐승 같은 울음은 절망에 갇히지 않은 채, 회복탄력성과 분노를 동시에 내뿜는다. 존재를 단단히 세우려는 생존 본능을 잘 표출한 시 한 편을 읽어보자.

허공이다

벽과 벽 사이 외줄 하나에 몸을 감은 사내

허리를 감은 밧줄이 휘청거릴 때마다

아파트 외벽은 비상을 꿈꾼다

후들거리는 삶의 무게가 어질하다고

그럴 때마다 바르르 떨었을 눈썹과 발가락들

옷소매를 끌어당기는 허공의 자서전은 늘 위태로웠다

숨을 바닥이 없는 그에게 허공은 비상이었다

흰 외벽에 풍상을 견뎌낸 얼룩을 벗겨내고

초록빛 생의 무늬를 덧칠하는 것

젖지 않고 멀리 날아가는 새는 없다 했다

뙤약볕 아래 쉼 없는 붓질의 몰입

사내의 오른팔이 긴 막대기에 달린 롤을 당길 때마다

밧줄은 사내의 몸을 한 번 더 조여 주었다

허공에서도 영역을 양보하지 않은 거미가 있다고

발아래 공사장 인부가 근황을 전송한다

새처럼 두 팔을 벌려보는 사내

추락한 날개를 굳이 기록한다면

새의 비행이 자서전에 굵은 획을 긋는 게 아니겠는가

바람이 새의 날개 쪽으로 움직이고 있다

- 「밧줄의 자서전」 전문

이 시는 현대 도시 노동자들의 삶을 구성하고 있다. 한 사내는 '밧줄'이라는 사물의 시선을 두고 삶의 무게를 견디는 위태로운 노동자다. 또한 고공 밧줄을 통해 노동의 숭고함이 숨겨져 존재의 흔적을 섬세하게 담아냈다. 밧줄을 통해 삶의 고난을 회피하지 않은 채 고통, 투쟁, 현대인의 소외된 노동자의 절박함이 또 다른 비상의 공간으로 형상화된다.

"허리를 감은 밧줄이 휘청거릴 때마다/ 아파트 외벽은 비상을 꿈꾼다"에서 비상은 상승과 추락 두 가지 의미를 담고 있다. 물리적 추락과 정신적인 상승을 갈망한다. 고통 없이 비상을 꿈꿀 수 있을까? 삶의 경계에서도 희망을 잃지 않는다. "후들거리는 삶은 무게가 어질하다고/ 그럴 때마다 바르르 떨었을 눈썹과 발가락들"에서 보여주듯 구체적인 신체의 반응 묘사를 통해 고단한 삶을 전달해준다. 눈썹과 발가락은 위부터 아래까지 육체 전체의 두려움의 긴장을 보여준다. 그러나 "바람이 새의 날개 쪽으로 움직이고 있"듯 희망과 존재의 긍정도 있다. 시인은 인간 존재에 대한 깊은 존중과 시선을 유지하면서 도시의 노동과 존재의 철학을 시적 언어를 통해 묵직하게 표출하고 있다.

특히 이 시는 허공에 매달려 외벽을 칠하는 노동자의 몸을 통해 디아스포라적 존재의 실존적 삶을 형상화한다. '밧줄'은 생존의 수단이자 구속의 장치로서, 이민자의 삶이 지닌 이중성을 드러낸다. 또한 "허공의 자서전"은 낯선 땅에서 불안정하게 이어지는 생의 기록으로 읽힌다. "허공에 매달린 밧줄이 스스로의 그림자를 기록한다"라는 구절은 이민자의 불안정한 존재감을 선명히 드러내며, 반복되는 노동의 장면은 부조리한 삶의 순환을 견디는 카뮈의 시지프 신화를 떠올리게 한다.

연못 속 두꺼비 한 마리
쩌억, 입맛 다신 채
돌담 사이 오가는 거미를 노려보고 있다

〈

좁혀진 미간 사이

한 마리는 옆을 보고

한 마리는 마주 보는 저 경계의 눈빛

주눅 든 거미

불룩 튀어나온 허기 앞에 미동조차 없다

가슴 쓸어내리며

구황의 세월 버티고 있다는 것

먹히지 않고 살아 있다는 것

참으로 다행이구나

날름거리는 혀를 피해 도망 다니던

불안은 생의 무늬일 뿐

그러나 여전히 방심은 금물이다

불안한 돌담 속

도주를 꿈꾸는 거미를 지켜보는 동안

허기진 응시의 두 눈 사이

비릿한 진땀이

닦아도 자꾸 흘러내린다

〈

비 오는 날 간이역에 간다

- 「어떤 응시」 전문

이 시에는 시인의 이민 생활의 고단함과 불안함이 그대로 녹아 있다. 어쩌면 각박한 현대를 살아가는 존재들의 내면을 잘 응시한 작품이라 할 수 있다. 특히 3연에서 "날름거리는 혀를 피해 도망 다니던/ 불안은 생의 무늬"를 통해 이민자들의 현실을 극명하게 드러내고 있다. 외줄타기 삶처럼 위태로워 보이는 것은 없다. 누구도 원하지 않지만 그런 상황에 놓이게 된다면 불안이라는 생의 무늬를 띠고 살아갈 수밖에 없다. 그렇지만 "불안은 무늬일 뿐"이라고 확신하며 불안을 잠재우려 애쓴다.

이 시는 먹고 먹히는 생태계의 비정함을 통해 인간 사회의 생존경쟁과 그 속의 불안을 통찰한다. '두꺼비(포식자/허기)'와 '거미(피식자/생존자)'의 대립 구도는 약육강식의 세계를 함축한다. 두꺼비의 맹렬한 응시 앞에서 거미의 "주눅 든 채", "미동조차 없는" 모습은 약자가 느끼는 공포와 긴장을 고스란히 전달한다.

거미가 "먹히지 않고 살아 있다는 것"을 "참으로 다행"

하게 여기는 데서, 궁핍하고 힘든 세월("구황의 세월")을 버텨낸 생존자들의 고단한 안도감이 느껴진다. "불안은 생의 무늬일 뿐"이라는 인식은, 불안마저도 삶의 필수적인 요소로 받아들이는 체념과 의지가 섞인 복합적인 감정일 것이다. 마지막 연의 "비릿한 진땀"은 생존을 위한 응시와 도주 속에서 흘러나오는 육체적, 심리적 긴장의 흔적이며, 불안한 삶의 현장을 상징적으로 보여주고 있다.

그 외에도 언급하고 싶은 시편들이 많다. 정봉희 시인의 시는 어떤 경계에 있지 않고 이민자의 삶과 갈등 그리움 그리고 시 쓰기를 동시에 표출하고 있다.

「이민을 읽다」에서는 '이민'을 "빙판을 걷는 행위"에 비유했다. 이는 낯선 환경에서 극도의 불안과 긴장감 속에서 생존하려는 처절한 의지를 너무나 잘 형상화하고 있다. '빙판'은 이민자의 발밑이 늘 위태로운 현실을 상징한다. 마지막 "사뿐/ 또 사뿐"이라는 동작은 조심스러운 발걸음이자, 그 불안 속에서도 포기하지 않고 한 걸음씩 삶을 이어나가려는 강한 생존 의지의 표현이다.

「비 오는 날 간이역에 간다」는 슬픔을 머금은 사랑시

다. '비', '간이역', '젖음' 등의 이미지는 슬픔을 내포한 사랑의 모습과 헌신적인 기다림을 형상화하는 데 탁월하다. "굵은 비"는 단순한 날씨를 넘어, 화자의 축축한 슬픔과 고독의 정서와 맞닿아 있다. "간이역 돌담처럼 이미 축축해져" 있는 화자의 모습이나, "찾아오는 사랑은 어떻게 든 젖기 마련"이라는 구절은 사랑이 고통과 슬픔을 피할 수 없음을 인정하는 솔직한 고백이다.

「겨울밤」은 이국땅에서의 추운 겨울밤 풍경과 그 속에서 살아가는 가족의 소박하면서도 쓸쓸한 일상을 담아내고 있다. '소한', '대한', '정월 스무아흐레 밤' 등 한국적 절기를 언급하며 추위를 견디는 삶의 고난을 배경에 깐다. "이민 짐에 묻어온 번철"이나 '고구마', '감자 부침개' 등의 음식은 고국에 대한 향수와 이주민으로서의 정체성을 보여주는 따뜻하지만 외로운 연결고리이다.

이상으로 정봉희 시인의 시편들을 읽으며 시인이 가진 고뇌와 삶의 불편들을 들여다보았다. 소박하지만 질곡의 삶을 살아온 한 사람이 자기 인생의 이력을 만들어내는 과정에서 빚어지는 고통을 이겨내는 모습이 오롯이 보였다. 더 나아가 부모에게 받은 생의 고단함과 지혜를 다음

세대에 전하고자 하는 의식들이 돋보였으며 침묵, 아픔, 기쁨, 슬픔 등의 감성을 솔직하게 그리고 진솔하게 담으려는 모습이 아름답게 다가왔다. 시집 속 시어를 통해 한 사람의 인생을 있는 그대로 전달 받아 그것이 에너지가 되어 독자에게 전달된다는 것 그것이 진정한 시의 역할이 아닐까. "이제는 바깥 표지에 남겨진/ 시인의 무게까지도 몸을 낮춘/ 꽃잎의 무늬"(「지문의 기억」)처럼, 시인이 살아온 삶 전체를 정성스레 피워낸 꽃잎의 무게로 시집을 받아 든다. 온 세상이 그 무게를 느껴보길 바라는 순간이다.